LAURA ERBER **os
corpos e
os dias**
bodies
and days

Traduzido para o inglês por
Translated into English by
RICARDO SCHMITT CARVALHO

EDITORA DE CULTURA

2006 © Laura Erber
2008 © Editora de Cultura
ISBN: 978-85-293-0123-5

Editora de Cultura
Rua José de Magalhães, 28
04026-090 - São Paulo - SP
Fone: (11) 5549-3660 - Fax: (11) 5549-9233
sac@editoradecultura.com.br
www.editoradecultura.com.br

*Todos os direitos reservados.
Nenhuma parte deste livro poderá ser
reproduzida, sob qualquer forma,
sem prévia autorização da editora*

*Primeira edição: Maio de 2008
Impressão: 8ª 7ª 6ª 5ª 4ª
Ano: 11 10 09 08 07*

Projeto de edição
ZURETA CULTURAL E ARTÍSTICA

Dados Internacionais de Catalogação na Publicação (CIP)
(Elaboração: Aglé de Lima Fierli CRB- 9/412)

Erber, Laura, 1979 -
E55c   Os corpos e os dias - bodie and days / Laura Erber;
    tradução Ricardo Schmitt Carvalho; revisão Vinícius
    Castillo Rodrigues, João Aroldo de Oliveira Jr.; James
    Mulholland - São Paulo: Editora de Cultura, 2008.
    144 p. : 14 x 20.5 cm

        Tradução para o inglês por Ricardo Schmitt Car-
    valho. Edição bilíngue: Português - Inglês.

        ISBN : 978-85-293-0123-5

        1. Poesia brasileira. 2. Poesia visual. 3. Linguagem
    imagética. 4. Artes plásticas. I. Títutlo. II. Carvalho, Ri-
    cardo, trad. III. Rodrigues, Vinícius Casilo, rev.

                        CDD- 21. ed. B869.15

Índices para Catálogo Sistemático:

Literatura brasileira : Poesis : Poesia virtual	B869.15
Poesia visual : Linguagem imagética	B869.1
Artes : Artes Plásticas : Poesis brasileira	730
Artes Plásticas	730

La muerte también tiene unos sistemas de claridad.
ROBERTO BOLAÑO

Death too has systems of clarity.
ROBERTO BOLAÑO

vem e olha:

figos espalhados

não são frutos proibidos

uma figueira e essas coisas apodrecendo na sombra

e agora

ouça:

come and see: // scattered figs // are not forbidden fruit / a fig tree and these things rotting in the shade /// and now / listen:

são pegadas cada vez mais largas

a mesma sombra

revoada e revoada

insuportáveis como o ruflar de

asinhas tocando ouvidos

um dia chega e pousa

ao meu lado

onde crescem

os nenúfares

steps getting longer and longer / the same shadow // flight and flight / unbearable like the fluttering of / little wings touching ears // one day you land / by my side // where the nenuphars // grow

a sua pele é que está queimando agora

brilha por dentro

it is your skin that is burning now / it glows from the inside

tudo é demasiado longe e excitante

depois da noite há uma casa que se abre outro dia uma noite

a raposa e as uvas

os limões

este anel de vidro que se partirá

ou não

it is all too far and exciting / after the night there is a house that
opens itself some other day a night // the fox and the grapes /
the lemons // this glass ring that will break / or not

o princípio de incerteza foi também um dia o

nosso princípio

the uncertainty principle one day was also / our principle

o que podemos pedir senão mais sede?

e terminar assim: devotos mudos abertos

what can we ask for but more thirst? / and to end up like this:
mute open devotees

o primeiro ato se fecha quando a sua mão

pousa sobre a minha boca

the first act closes when your hand / lands on my mouth

por enquanto a paisagem se reveste de contornos ingênuos

e cinzas

e brancos

o castelo é uma rima interna

as it is, the landscape dresses up in naive outlines / and grays /
and whites /// the castle is a middle rhyme

e de repente

por uma limitação severa

é novamente possível dizer algo bem simples

o castelo é amarelo

há um jardim há um lago

and suddenly / due to a severe limitation / it is possible again
to say something really simple // the castle is yellow / there is a
garden there is a lake

o que é desejado: uma distância na qual o afeto não se quebre

depois dormir

sentir a sua coxa

sonhar talvez

what we long for : a distance in which our affection does not break / then to sleep / to feel your thigh / perhaps to dream

os corpos caminham

tossem e adormecem

na idiotia de pensamentos soltos

the bodies walk / cough and fall asleep / in the idiocy of loose
thoughts

uma pessoa que nos visse atravessando a neblina do pátio diria
suavemente estão aí, tão remotos e tão imediatos...

somebody who saw us crossing the courtyard mist would say /
softly, they are there, so remote and so close

o ouvido é inocente

mas não aqui

the ear is innocent / but not here

ninguém é cego

no-one is blind

os dias estão contados

ataúde látego cajado

nomes para o atraso

nomes para o intervalo

assim se desatam

os nossos mais remotos silêncios

the days are numbered: / *coffin whip staff* / names for the delay
names for the gap / thus they get untied: / our most remote
silences

é uma água de jardim penteada

este pequeno espaço para uma delícia

um esquecimento

a invasão da noite ajuda uma sombra a tocar o espelho

você dormir

eu caminhar

it is some combed garden water / this small space for a delight /
an oblivion / the invasion of the night helps a shadow touch the
mirror / you to sleep / me to walk

e então desenho um braço de mar

o oeste

uma floresta onde se deve arder

uma vez na vida

and then I draw an arm of the sea / the west / a forest where
one should burn / once in a lifetime

é difícil pensar no que ele ainda não sabe

a reconstrução da flor e da abelha pode nunca ter fim mas

não se deve ter medo do inverno

também ele tem suas recompensas

it is difficult to think of what he still does not know / the flower
and the bee's reconstruction might never end but / *one should
not fear the winter / for it too has its rewards*

e o tempo se acelera quando a lua

toca o retângulo de água

algo em nossos rostos se ilumina

ninguém se move ninguém atravessa o labirinto

and time speeds up as the moon / touches the water rectangle /// something lights up in our faces / nobody moves nobody crosses the maze

os nomes mais difíceis se dispersam

o castelo é só um castelo de cartas

fraco como um castelo de cartas

the most difficult names drift away / the castle is just a house of cards / *weak as a house of cards*

não é impossível pensar no que ele ainda não sabe

vamos sentar na neve pisada sem olhar um para o outro

durante dois minutos

it is not impossible to think of what he still does not know / let's
sit on the trodden snow without looking at each other / for two
minutes

vamos supor que sempre nossas bocas se toquem

no silêncio de bocas mais antigas

suppose our mouths always touch / in the silence of even older mouths

o castelo é um fundo falso

o difícil é saber o que pode um corpo fora de órbita

o difícil é falar sobre o que você realmente sabe

pois falar sobre o que você não sabe é como perguntar

the castle is a false bottom / the hard part is to know what a body out of orbit can do / *the hard part is to speak of what you really know / for speaking of what you do not know is like asking*

por enquanto ela se satisfaz com as imagens que o outono repõe

disfarces coringas detalhes ínfimos

os cílios de Greta dizendo *foi preciso mais de um homem*

para que eu mudasse meu nome para Shangai Lily

o Expresso de Shangai nos levando pra longe

for the time being she gets her satisfaction from the images / that autumn replaces / disguises wild cards tiny details / Greta's eyelashes saying *it took more than one man / to change my name to Shanghai Lily* / the Shanghai Express taking us away

lá está o jardim e logo depois

o lago

ninguém se move

a água assovia e devolve

o eco do que não poderemos cumprir

over there lies the garden and right after / the lake / no-one
moves / the water whistles and sends back / the echo of what
we are not going to fulfill

é o meu engano lírico ou o seu embaraço

produzindo formas decadentes?

is it my lyric mistake or your awkwardness / that produces decadent shapes?

este triste carnaval entre o inverno e as cartas

você sorri contrariado – eis o retrato da sua vida –

e o seu rosto duro fica de novo transparente

o que faremos com as mãos quando as pontas dos dedos
congelarem?

this sad carnival between the letters and the winter / you smile
vexed – that is the picture of your life – / and your hard face
goes transparent again /// what shall we do with our hands
when our fingertips freeze?

os dias são curtos demais ou muito longos

na falta de algo mais excitante

ela permuta os objetos

cajado látego ataúde

e o seu rosto transparente fica duro como antes

days are much too short or very long / lacking something more exciting / she exchanges objects / *staff whip coffin* / and your transparent face goes hard as before

de olhos fechados ela toca do

verbo tocar a sua (dele)

boca / coxa

de olhos fechados ela escreve

um romance / filme

que nunca se inicia

with eyes shut she touches from the / verb to touch the (his) / mouth/thigh // with eyes shut she writes / a novel/film / that never starts

Gulliver gostaria de repouso aqui

atado em brotos de cogumelo

de lado para olhar o fruto aberto

um castelo de cartas também pode

durar no tempo

depois de cair

Gulliver would like to rest here / tied to mushroom sprouts / on his side to see the open fruit /// a house of cards can also / last in time / after the fall

não porque inverno ou primavera

não porque você dorme

não porque as folhas tremem

o saxofone ainda

não é o paraíso a cítara

o outono que triunfa aqui

not because of winter or spring / not because you sleep / not
because the leaves quiver / the saxophone still / it is not paradi-
se the sitar / autumn's triumph here

hoje ela atravessa o fim do dia e já sabe

o castelo é apenas *um lugar onde as crianças confundem*

beleza e felicidade

today she goes through the end of the day and already knows /
the castle is just *a place where kids mix up / beauty and
happiness*

o cartaz anunciava um filme de diálogos ágeis

mas falho nas cenas de ação

the sign advertised a movie with fast dialogues / but weak in the
action scenes

chove

os corpos e os dias inscrevem-se

a protagonista desmaia e sonha

com pirulitos de metadona

já não precisamos da boca para compreender

já não precisamos compreender

ainda chove

it rains // bodies and days write themselves / the leading female character faints and dreams / of methadon lollipops // we no longer need the mouth to comprehend / we no longer need to comprehend // still raining e depois chega uma carta dizendo coisas do tipo

Eram as perguntas ou eram as folhas entrando pela janela
que me desviavam dos seus olhos?
Eu também sinto o desconforto dormindo nessa preguiça.
Mas daqui vejo e posso tocar : látego, cajado,
damascos no teixo.
O brilho dos seus olhos sobre os meus olhos.
Uma tarde no mercado de pulgas e um telefonema levando pra
longe.
E também já não sei se quero esquecer ou lembrar.
Não é o tipo de trabalho que posso fazer quando quero.
Já não é Les Hautes Solitudes.

and then comes a letter saying things like // *Was it the questions*
or the leaves coming in through the window that warded me off
from your eyes? I also feel the unease sleeping inside that laziness.
But from here I see and can touch: whip, staff, apricots in the
yew. The brightness of your eyes on my eyes. An afternoon at the
flea market and a phone call carrying it all away. And I am not
sure anymore whether I want to remember or forget. This is not
the kind of work I can do whenever I want. This is not Les Hautes
Solitudes anymore.

já não é um Castelo como antes

it is not a Castle as it was before

eram as perguntas ou eram as folhas

(entrando pela janela)

que me desviavam dos seus olhos?

was it the questions or the leaves / (coming through the
window) / that warded me off from your eyes?

as cenas amorosas estão estragadas

a sua boca é que é irresistível

escrever não ajuda

the love scenes are ruined / it is your mouth that is irresistible /
writing does not help

um homem-kaputt (por prazer?)

uma mulher-kaputt (por devoção?)

escrevem (se escrevem?)

a kaput-man (for pleasure?) / a kaput-woman (for devotion?) /
write (write each other?)

uma pessoa e outra que éramos nós no fim do mundo

e agora os sons depois do vento

antes do tempo rudimentos flutuarão

em palácios largos palácios vermelhos

de pedra

a person and another who we were at the end of the world /
and now the sounds after the wind // rudiments will float before
time / inside wide palaces red palaces / of stone

corpo e intervalo

desaconchego que antecipa a noite

body and gap / discomfort that foresees the night

os ausentes sopram alguém passa

uma mulher chora

é mentira

ou será

a pura contemplação

de algo que termina?

the absentees blow someone goes by / a woman weeps / is it
a lie / or maybe / *the sheer contemplation* / *of something that*
ends?

estamos quietos

estamos salvos

os figos não são conselhos

we are quiet / we are saved /// the figs are not pieces of advice

a protagonista inclina a cabeça e diz *oh não,*

eu nunca deixarei este lugar...

the leading female character bends her head and says *oh no, / I shall never leave this place...*

o carteiro acaba de passar está nevando

desde ontem

sobre o bosque sobre o pátio sobre a grande árvore

esses corpos de luz

permanecem intactos sobre a superfície de uma lembrança

antes era a chuva

o lago não transbordava porque havia um canal

levando os excessos pra longe

the postman has just walked by it has been snowing / since yesterday / on the woods on the courtyard on the big tree / those bodies of light / remain intact on the surface of a memory // earlier there was rain / the lake did not overflow since there was a channel / taking the excess away

alguém chama por você

no fim do mundo

e é só isso

sim é só isso

somebody calls you / at the end of the world / and this is it / *yes this is it*

os figos são deliciosos

e o que você não escuta

já não faz diferença alguma

the figs are delicious / and what you do not hear / makes no
difference any more

no penúltimo ato o coadjuvante inclina a cabeça
(rendido? arrependido?)

você sabe não é alguma coisa que eu deva dizer

é alguma coisa que ainda não veio e

simplesmente por isso

você sabe

precisamos de você aqui etc. etc. etc.

a trilha sonora ocupa todo o espaço e não te deixa sentir mais
nada

next to the last act the supporting male character leans his head
(surrendered? regretful?) / *you know / it is nothing I should say /
it is something that has not come yet and / just because of that /
you know / we need you here etc. etc. etc.* / the soundtrack fills
up the room and does not let you feel anything any more

numa segunda versão os nomes seriam mais sonoros

então você diria *o castelo é um Luftschloss* sem nenhuma

profundidade

a câmera acompanharia o movimento dos seus lábios

dos meus

nos seus

in a remake the names would sound better / then you would
say *the castle is a Luftschloss* with no / depth / the camera would
follow the movement of your lips / of mine / on yours

nesse ponto a inteligência desafia a inteligência do desejo

quanto mais inteligente mais idiota

at this point intelligence challenges desire's intelligence / *the more intelligent the more idiotic*

com uma ternura quase patética

agora ela pára e pensa em certas coisas

a avidez dos primeiros escritos

– hoje é mais suave –

e cochila entre um pensamento e outro

a trama é simples

oh, tão simples

with an almost pathetic tenderness / she now stops and thinks about certain things / the eagerness of the first writings / – it's smoother today – / and takes a nap between one thought and another /// the plot is simple / oh, so simple

talvez amanhã ela receba uma carta com frases assim

Não sei bem o que dizer... um gênero?
Escritos de experiências não verificáveis, como se...
um vôo pudesse ser retido.
Outro assunto: o que eu estou procurando?
Alguém procura rastros instáveis, marcas na neve de um rosto,
uma papoula como boca. Respostas sempre muito provisórias.
O moço de lá me escreveu.
Estou assim, inerte.
O dia amanhece.
O cheiro da noite um pouco ainda persiste.
Estou acordada há muito tempo.

maybe tomorrow she will receive a letter with sentences like these / *I do not know quite what to say... a genre? Writings of unverifiable experiences, as if ... a flight could be held.* / *Another subject : what am I looking for? Somebody looks for unstable tracks, traces in the snow of a face, a poppy for a mouth. Always very short-lived answers. The young man from out there has written to me. I am like this, numb. The day breaks. The smell of the night is still around. I have been awake for a long time now.*

era para ser uma breve história sobre o tempo

mas você não sabe

não sabe ver

os dias passam e talvez

ela (luz água mulher?)

mude um pouco

de lugar

it was meant to be a brief story about time / but you do not
know / do not know how to see / days go by and maybe / she
(light water woman?) / will move a little / from her place

gatos inexplicáveis atravessarão o lago

unaccountable cats will be crossing the lake

os corpos e os dias vão se inscrevendo

mais devagar do que antes

no anúncio estava escrito OS CASTELOS SÃO SEMPRE LINDOS mas

há algo sinistro aqui

bodies and days write themselves in and out / slower than before /
the ad read CASTLES ARE ALWAYS BEAUTIFUL but / there is
something sinister here

a gata de São Gregório atravessa o pátio

Saint Gregory's cat crosses the courtyard

um eremita melancólico atravessa nossos sonhos

a melancholic hermit walks through our dreams

o jardim é o jardim

onde está o tumulto dos corpos

o teatro da boca

o princípio de incerteza

alguém que caminha com alguém até o fim

da sua história

the garden is the garden / where the turmoil of bodies takes
place / the mouth theater / the uncertainty principle / somebody
who walks with somebody until the end / of their story

alguém diz

a noite está tépida

e assim nos deixamos levar pela tentação

de escrever

num jardim telúrico

enquanto o verdadeiro filme se projeta

em um beco de São Paulo

ou em Blanes

esperando um transplante de fígado

someone says / *the night is tepid* / and so we let ourselves get carried away by the temptation / to write / in a telluric garden / while the real film is projected / in a blind alley of São Paulo / or in Blanes / waiting for a liver transplant

ainda assim continuará a existir o deserto

um terceiro mundo para ir

ou voltar

a lembrança do teu corpo real

ou imaginado

nevertheless the desert will still exist / a third world one can
go to / or come back from / a remembrance of your real / or
imaginary body

por carta ele (por quê?) exigiu espaço

para a vida dos outros

em cada fragmento

perguntei se poderia

ser o nome

dos filhos

dos outros

Antônio Bruno Leon

Sara Elisa Teresa

Sim poderia

by letter he (why?) demanded room / for other people's lives /
in each and every fragment / I asked whether it could / be the
name of other people's / children / Antônio Bruno Leon / Sara
Elisa Teresa / *Yes, it could be*

et nudam pressi corpus ad usque meum

os poemas da carne e do exílio cairiam feito luz mas

aqui a viagem muda de sentido ou se fecha

et nudam pressi corpus ad usque meum / the poems of the
flesh and exile would fit like light but / here the trip changes its
direction or gets closed

talvez um dia os dois se reencontrem

talvez na chuva

inventaremos um outro princípio

(quando há temor estranhas coisas acontecem)

maybe someday the two of them will meet again / it may happen in the rain / we shall set off another principle since / when there is fear strange things happen

as cartas
estão na mesa
se eu pedisse alguma coisa seria
uma voz que procedesse por fragmentos
(irreconhecíveis como um beabá)
mulheres iluminadas de través e também homens
que as vissem do outro lado da sala
uma luz leitosa atravessando o fim do dia
mesmo que isso já tenha sido dito antes
e então a coalescência dessa mesma luz sobre muitos outros
objetos

alguém nos fala da intensidade de um encontro
há jardins com caminhos que se bifurcam só quando você chega
perto

the cards are on the table if I should ask for anything it would
be a voice that would go on by fragments (unrecognizable
like an abc) women illuminated from askew and men too who
would see them from the other side of the room a milky light
coming through the end of the day even if that has already been
said before and then the coalescence of that same light on lots
of other objects / somebody tells us about the intensity of an
encounter there are gardens with paths that fork only when you
get close to them

exterior pátio fim-de-um-longo-dia

passeamos lado a lado os ombros tocando-se

já está começando a escurecer

você está pensativo eu não digo nada

exterior courtyard end-of-a-long-day / we stroll side by side our
shoulders touching / it is beginning to get dark already / you
seem pensive I say nothing

agora os dois vultos se dissolvem sobre fundo transparente

a voz principal articula em tom muito neutro

outras vozes vão e vêm gastas e obscenas

nunca conseguirei juntar-te todo....

em você também havia algo de espera e cidade destruída

os dias de um mês escuro

a quietude do sexo

nossos corpos sem contorno

e saber que cada vez falta menos e que nossa época ainda

não chegou e que inventaremos histórias bonitas com finais

tristes em algum quarto vazio que nos terá como únicos habitantes

now both figures dissolve into the transparent background / the main voice articulates in a very neutral tone / other voices come and go faded and obscene / *I will never manage to put you together... / there was something of a wait and of a wasted city in you too / the days of a dark month / the quiet of sex / our bodies with no outlines / and to know that there is less and less to go and that our time is yet / not come and that we will make up beautiful stories with / sad endings in some empty room which will have us as its sole tenants*

duas pessoas que éramos nós no fim do mundo

já nem é um castelo

two people who we were at the end of the world / it is not even a castle any more

por um instante as vozes pairam no ar

e se afastam num novo intervalo de silêncio

for a moment the voices hover in the air / and move away into a
new silent interval

Você reconhece este rosto, quero dizer,

será este um rosto que você realmente viu

algum dia?

Do you recognize this face, I mean, / is this a face you might really have / ever seen?

autores citados
quoted authors

Adília Lopes
Alejandra Pizarnik
Anna Akhmátova
Ana Chiara
Carolina Maria de Jesus
Federico Nicolao
Ghérasim Luca
Henry James
Leandro Martinelli
Louise Bourgeois
Maria Zambrano
Ovídio
Paul Celan
Roland Barthes
Roxana Páez
Samuel Beckett
Sigmund Freud
Sylvia Plath

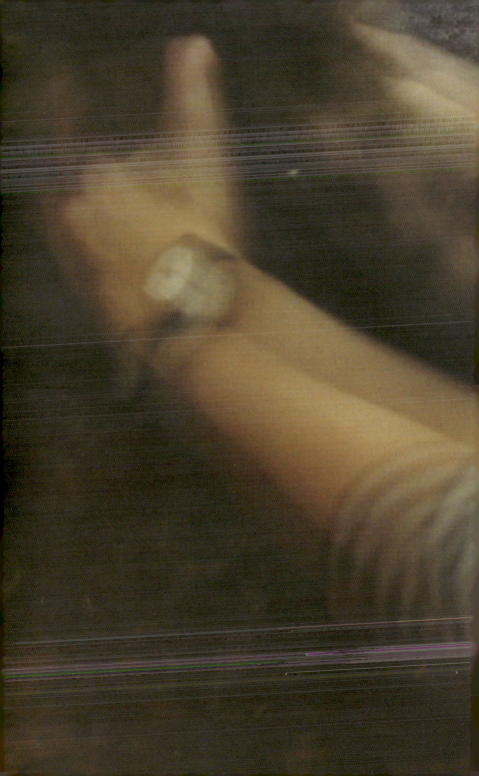

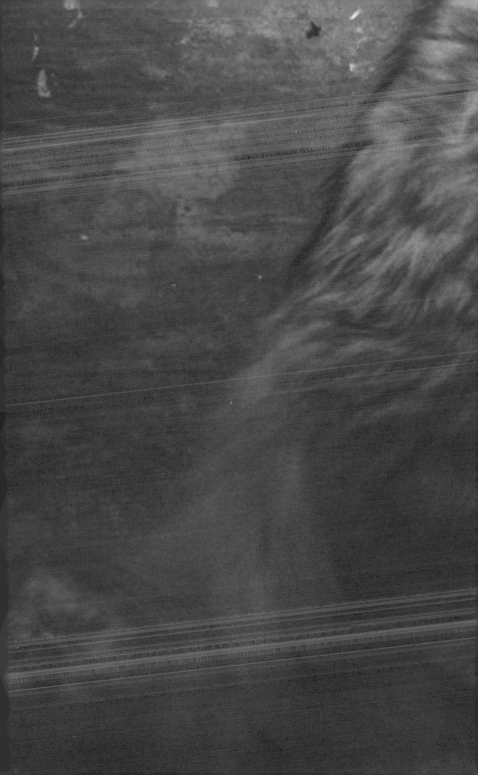

SOBRE O LIVRO

Alguém nos fala da intensidade de um encontro, de cenas e de nomes que apenas surgem e logo se dissipam. A seqüência de imagens nos coloca diante da transformação dos corpos sob a pressão do tempo, revela catástrofes mínimas impressas na superfície dos objetos. Nada aqui é conclusivo ou definitivo, as incertezas produzem jogos permuta, uma voz que oscila entre esquecer e lembrar. Erber revisita a paixão descritiva da pintura holandesa do séc. XVII e, através da imagem digital a artista dialoga com a tradição pictórica do *vanitas*, revelando o trabalho da morte sobre as coisas terrenas.

A artista faz deste livro um duplo espaço de experimentação. A idéia não é explicar uma linguagem pela outra, mas provocar alguma tensão expressiva no contato entre palavra e imagem. O que o livro transmite nessa dupla articulação é, precisamente, como já havia prevenido Roland Barthes, que "nenhum sistema de signos é seguro o bastante para impedir que algo importante escape à nossa percepção".

ABOUT THE BOOK

Someone tells us about the intensity of an encounter, scenes and names that just surge and then fade. The sequence of images situates us before bodies being transformed under the pressure of time, revealing minimum catastrophes printed on the surface of objects. Nothing here is conclusive or definitive, uncertainties produce permutation games, voices which oscillates between forgetting and remembering. Erber revisits the descriptive passion of 17th century Dutch painting, and through digital image dialogues with the pictorial tradition of vanitas, disclosing how death works on earthly things.

The artist turns this book into a double space for experimentation, the idea being not to explain one language by another, but rather to provoke some expressive tension in the contact between word and image. What the book conveys in this two-fold articulation is precisely – as predicted by Roland Barthes – that "no system of signs is safe enough to prevent something important being missed by our perception".

SOBRE A AUTORA

Laura Erber, artista visual e poeta, nasceu em 1979 no Rio de Janeiro. Sua prática artística vem se caracterizando pelo constante trânsito entre linguagens e pelo modo como reinventa as relações entre imagem, palavra e corpo. Estreou em 2002 com o livro de poemas *Insones* (7Letras, Rio de Janeiro). Com o escritor italiano Federico Nicolao e a artista coreana Koo Jeong-A realizou na Itália o livro *Celia Misteriosa* (lo & Villa Medici, 2007), atualmente colabora com a *performer* Marcela Levi. Suas obras vêm sendo exibidas em diversos centros de arte no Brasil e na Europa (Le Plateau, Jeu de Paume, Casa Européia da Fotografia (França), Museu de Arte Contemporânea de Moscou e Museu de Arte Moderna de Paris). *Os corpos e os dias* (*Körper und tage*), escrito durante um período de residência na Akademie Schloss Solitude de Stuttgart, foi editado na Alemanha com tradução do poeta Tim Berger pela Merz&Solitude em 2006.

ABOUT THE AUTHOR

Visual artist and poet Laura Erber was born in Rio de Janeiro in 1979. Her art is characterized by a constant transition between languages and the way they re-invent the relations between image, word and body. Her 2002 book debut was a collection of poems, *Insones* (7Letras, Rio de Janeiro). In Italy, together with Italian writer Federico Nicolao and Korean artist Koo Jeong-A, she produced the book *Celia Misteriosa* (Io & Villa Medici, 2007), and is currently collaborating with performer Marcela Levi. Her work has been exhibited in various art centers in Brazil and Europe (Le Plateau, Jeu de Paume, the European House of Photography in France, Moscow's Museum of Contemporary Art and the Museum of Modern Art in Paris). *Bodies and days* (*Körper und tage*), written during a period of residence at the Akademie Schloss Solitude in Stuttgart, was edited in 2006 in Germany by Merz&Solitude and translated into German by poet Tim Berger.

direção editorial	Mirian Paglia Costa
revisão de textos	Vinicius Casillo Rodrigues
	João Aroldo de Oliveira Jr.
	James Mulholland
fotos das obras	Laura Erber
capa, projeto gráfico e execução	Maria Cristaldi / Zureta Cultural
coordenação gráfica	Helena Maria Alves e Rony Brunner
impressão e acabamento	Assahi
formato	14 x 20.5 cm
mancha	9.5 x 15.6 cm
tipologia	Frutiger (Light), Usherwood (Book)
papel	Pólen Soft 80 gr/m^2 (miolo)
	Supremo 250 gr/m^2 (capa)
número de páginas	144
impresso no Brasil	*printed in Brazil*